SURVIVAL HANDBUCH

arsEdition

© 2013 by Marshall Editions
Titel der Originalausgabe:
Ultimate Survival Guide for
Kids
Die Originalausgabe ist bei
Marshall Editions erschienen

© 2014 für die deutsche
Ausgabe: arsEdition GmbH,
München
Alle Rechte vorbehalten
Illustrationen: Tom Connell
Umsetzung: Tall Tree Ltd

Aus dem Englischen von
Cornelia Panzacchi und
Ute Löwenberg
Textlektorat der deutschen
Ausgabe: Eva Wagner

Printed and bound in China

ISBN 978-3-8458-0194-0
www.arsedition.de

Inhalt

4 Unbedingt beachten!

6 Gefährliche Tiere
8 Was tun bei Schlangenbissen?
10 So entkommt man einem Krokodil
12 So vertreibt man einen Hai
14 So entkommt man einem Bären
16 So entkommt man einer Raubkatze
18 Wenn Bienen oder Wespen hinter dir her sind
20 So entkommt man Ameisen

22 Gefahren in der Natur
24 Wie befreit man sich aus Treibsand?
26 So übersteht man einen Orkan
28 Verhalten bei Erdbeben
30 Was tun bei Lawinengefahr?
32 Verhalten bei Gewitter

34 So übersteht man einen Tornado
36 Überleben im Schneesturm

38 Überleben in der Wüste
40 Überleben auf See
42 Überleben an einem einsamen Strand
44 Was tun bei Überschwemmungen?
46 Verhalten bei Waldbrand
48 Überleben in der Eiswüste

50 Gefahren des Alltags
52 Aus einem versinkenden Auto entkommen
54 Verhalten in großen Menschenmengen
56 Einen Flugzeugabsturz überleben
58 Flucht aus brennenden Gebäuden
60 Rettung bei Schiffbruch

62 Grundlegende Überlebenstechniken
64 Vor einer Wandertour
66 Orientierung

68 Umgang mit dem Taschenmesser
70 Wasser finden
72 Feuer machen
74 Essbares finden
76 Nahrung aufbewahren und zubereiten
78 Einen Unterstand bauen
80 Tiere in freier Natur
82 Zeit und Wetter
84 Sich retten lassen
86 Wenn du dich verlaufen hast
88 Erste Hilfe
90 Knoten

92 Glossar
94 Register

96 Nützliche Adressen/ Bildnachweis

Unbedingt beachten!

Abenteuer kann man überall erleben. Bergwanderungen, Segeltouren und Flüge in ferne Länder sind aufregende Erlebnisse. Viele Menschen leben an Orten, die häufig von Vulkanausbrüchen, Erdbeben oder Unwettern heimgesucht werden. Wenn man weiß, was dann zu tun ist, kann man sich selbst und anderen helfen.

Dieses Buch beschreibt einige Extremsituationen und erklärt, wie man sich dabei am besten verhält. Man kann im Leben in gefährliche Situationen geraten. Aber du darfst dich auf gar keinen Fall bewusst in Gefahr bringen – auch nicht, um auszuprobieren, wie gut diese Tipps sind!

Für bestimmte Aktionen in der freien Natur gibt es in Deutschland spezielle Vorschriften: So ist Feuermachen (Lagerfeuer) in der freien Natur grundsätzlich verboten. Für Naturschutzgebiete und Landschaftsschutzgebiete gelten eigene Schutzvorschriften.

Gefährliche Tiere

Haustiere sind niedliche und geliebte Begleiter des Menschen. In der Wildnis aber kann von Tieren tödliche Gefahr ausgehen.

Was tun bei Schlangenbissen?

Schlangen greifen Menschen nicht an, weil sie hungrig sind, sondern weil sie Angst vor uns haben. Oder weil sie einen Menschen mit einem Tier verwechseln.

Schon gewusst?
Schlangen gibt es fast überall auf der Welt, oft dort, wo es warm ist, z. B. in Wüsten und im tropischen Regenwald.

Schlangen »riechen« mit den Spitzen ihrer Zunge.

Wasche den Biss mit Wasser und Seife aus. Der gebissene Körperteil sollte ruhig gestellt werden. Den Körper so lagern, dass der Oberkörper (Herz!) höher als die Bissstelle liegt.

Gift niemals aussaugen oder ausschneiden! Nichts Kühlendes auf die gebissene Stelle legen!

Suche sofort einen Arzt auf. Wenn du nicht innerhalb einer halben Stunde einen Arzt erreichst, binde Arm oder Bein ca. 10 cm über dem Biss ab.

Trage immer lange Hosen, dicke Socken und knöchelhohe Schuhe.

Fakten & Infos

Es gibt ca. 2700 Schlangenarten, knapp 400 davon sind giftig.

Mit den Zähnen spritzen Schlangen Gift in ihre Beute.

Mit sogenannten Gegengiften können Schlangenbisse behandelt werden. Dafür wird Schlangen-Gift entnommen (siehe Bild rechts), das einem Tier eingespritzt wird. Dieses entwickelt Antikörper im Blut, woraus dann die Medizin hergestellt werden kann.

Klapperschlangen schütteln den Schwanz, um Feinde abzuschrecken.

Schlangenangriff

Weit über 1000 Menschen werden in Australien jährlich von Schlangen gebissen.

Wenn du eine Schlange siehst

Bleib ganz still stehen. Geh nicht in ihre Nähe. Berühre sie nicht und versuche nicht, sie zu verscheuchen oder zu töten. Geh langsam rückwärts weg und vergrößere den Abstand zu ihr. Angreifende Schlangen können ihren Körper blitzschnell strecken.

Die größten Krokodile werden bis zu 6 m lang.

So entkommt man einem Krokodil

Wenn sie Menschen sehen, fliehen die meisten Krokodile und Alligatoren ins Wasser – es sei denn, ihr Fluchtweg ist abgeschnitten oder sie bewachen ihr Nest.

Das Verdecken ihrer Augen beruhigt Krokodile.

Überlebenstipps

Krokodile legen Eier in Nester und verteidigen sie heftig. Nähere dich niemals den Eiern oder Jungen. Die Mutter greift gewiss an.

Krokodile schnappen mit enormer Kraft zu. Aber die Muskeln, die den Kiefer wieder öffnen, sind deutlich schwächer. So ist es möglich, die Schnauze mit einem Gummiband zu verschließen.

 Versuche, auf Nase oder Augen des Tiers zu schlagen. Benutze einen Stock oder ein Paddel.

 Wenn das Tier dich an Land angreift, versuche, auf seinen Rücken zu steigen und seinen Hals herunterzudrücken.

 Wenn dich das Tier gepackt hält, versuche, ihm das Maul zuzuhalten. Dann kann es dich nicht so leicht schütteln und verletzen.

Krokodile lauern an der Wasseroberfläche auf Beute.

◁ *Die tödlichen Zähne werden regelmäßig erneuert.*

Schon gewusst?

Krokodile und Alligatoren leben in warmen Ländern. Man trifft sie in langsam fließenden Gewässern, Seen und Sümpfen an.

Wenn du einem Krokodil begegnest

Geh nie nah an das Tier heran. Bleib stehen und geh dann langsam rückwärts weg. Füttere Krokodile nie. Sie würden ihre Scheu vor dem Menschen verlieren.

Am gefährlichsten sind Weißer, Tiger- und Bullenhai.

So vertreibt man einen Hai

Es gibt mehr als 370 Haiarten. Sie leben in allen Weltmeeren. Nur wenige von ihnen greifen Menschen an. Die Arten, die Menschen gefährlich werden, kommen fast nur in warmen Gewässern vor.

 Im Wasser: Verlasse es möglichst rasch. Vermeide es, zu schreien oder um dich zu schlagen, und kraule nicht: Für den Hai würdest du dann wie ein verletztes Tier wirken.

 Beim Schwimmen und Surfen: nie an der Oberfläche treiben. Du siehst dann von unten wie eine Schildkröte oder Robbe aus – die Beutetiere der Haie.

 Wenn der Hai das Boot rammt: Versuche ihn durch heftige Bewegungen und Lärm zu vertreiben. Schlage ihm notfalls mit dem Ruder auf die Nase.

◁ *Sinneszellen längs des Körpers lassen den Hai Schwingungen im Wasser spüren.*

Schon gewusst?
Etwa 100 Millionen Haie werden jährlich von Menschen getötet. Aber nur ungefähr 100 Menschen kommen jedes Jahr durch Haie ums Leben.

Hai-Zahn (tatsächliche Größe)

Haizähne sind gezackt, perfekt zum Herausreißen von Fleisch.

Hai-Attacke

Schlage oder steche ihn heftig auf Augen und Kiemen. Wenn Gegenstände in deiner Reichweite sind, benutze sie dazu.

Schlage weiter auf den Hai ein. Er wird vielleicht beschließen, sich eine leichtere Beute zu suchen.

Wenn dich ein Hai im Wasser anrempelt und dann wegschwimmt, könnte ein Angriff folgen. Verlasse so schnell wie möglich das Wasser!

Haie haben einen extrem guten Geruchssinn. Sie nehmen einen Tropfen Blut in Millionen Tropfen Wasser wahr und riechen Blut im Wasser aus 400 Metern Entfernung.

Haie sehen hervorragend. Eine spiegelartige Schicht hinter der Netzhaut verdoppelt das einfallende Licht in dämmerigen Verhältnissen.

Fakten & Infos

So entkommt man einem Bären

Bären leben in Gebirgen und Wäldern. Sie sind scheu, aber auch neugierig. In Osteuropa, in den Pyrenäen, den USA und in Kanada kann man auf Wanderungen schon mal einem Bären begegnen.

Aufgerichtet sind Bären bis zu 3 m groß.

Bären wittern Nahrung aus großer Entfernung. Verpacke Lebensmittel und Abfälle sorgfältig. In manchen Ländern gibt es dafür spezielle Behälter zu kaufen. Beim Campen nie im Zelt Nahrung aufbewahren oder essen.

Bären sind scheu. Geh in der Gruppe, nicht alleine. Sprich beim Gehen laut, klatsche in die Hände oder singe. Lärm vertreibt Bären.

Überlebenstipps

Erschrockene Grizzly- und Schwarzbären greifen Menschen an.

▽ *Außer in der Paarungszeit leben Bären meist als Einzelgänger.*

Bären-Attacke

Lass dich auf den Boden fallen. Rolle dich zusammen und verschränke die Hände im Nacken. Stell dich möglichst lange tot. Der Bär wird dich dann wahrscheinlich in Ruhe lassen.
Wenn dich der Bär in deinem Zelt angreift: Schlage ihn mit einem Gegenstand. Ziele auf Augen und Nase. Mach möglichst viel Lärm.

1 Schau ihm nicht in die Augen. Bleib ruhig stehen und geh nach einer Weile langsam rückwärts weg. Vermutlich lässt der Bär dich in Ruhe.

2 Schrei nicht und lauf nicht davon. Bären sind schneller als Menschen. Versuche gar nicht erst, auf einen Baum zu flüchten: Bären sind geschickte Kletterer und folgen dir nach.

3 Wenn du im Auto bist: Steig nicht aus und öffne nicht die Fenster.

So entkommt man einer Raubkatze

Es gibt Raubkatzen wie Tiger in Wäldern, Savannen und Bergen. Eigentlich scheu, verteidigen sie ihr Revier, wenn sie sich bedroht fühlen.

1 Bleib ruhig und renne nicht. Blicke dem Tier ins Auge, bewege dich rückwärts, nimm jüngere Kinder auf den Arm.

2 Sprich oder fauche laut. Das soll zeigen, dass du kein harmloses Opfer, sondern gefährlich bist.

3 Versuche größer zu erscheinen, falls die Katze dir folgt. Winke mit hochgestreckten Armen. Hinkauern lässt dich als Beutetier erscheinen.

Überlebenstipps

Raubkatzen sind nachtaktiv. Sei – speziell nachts – nicht allein unterwegs. Ein guter Wanderstock kann dir helfen, eine Raubkatze zu vertreiben oder dich gegen sie zu verteidigen.

Manche Raubkatzen suchen Beute, andere warten auf sie. Meide Orte wie Felsen und Büsche, wo Raubkatzen auf der Lauer liegen könnten. Viele von ihnen, wie z. B. Tiger, Jaguare und Geparden, sind hervorragend getarnt.

Geh niemals auf eine Raubkatze zu. Gib ihr Gelegenheit zur Flucht.

▽ Mit ihren scharfen Sinnen, Zähnen und Krallen sind Tiger hervorragende Jäger.

Raubkatzen-Attacke

Wirf, ohne dich umzudrehen, Äste und Steine auf die Raubkatze. Um nicht wie Beute zu wirken, verteidige dich aggressiv, ziele dabei auf Augen und Schnauze. Schütze deinen Nacken, denn hier wird die Katze angreifen.

Der Sibirische Tiger springt 7 m weit.

Wenn Bienen oder Wespen hinter dir her sind

Normalerweise sind Bienen oder Wespen friedlich. Fühlen sie sich aber bedroht, dann greifen sie an.

Die meisten Bienen schwärmen im Frühsommer auf Nestsuche aus.

Schon gewusst?
Angriffslustige Bienen können einen Menschen bis zu 150 m weit verfolgen – weiter, als ein Fußballfeld lang ist.

 Lauf sofort weg. Schlage nicht um dich, das macht die Bienen oder Wespen nur angriffslustiger.

 Suche nach Möglichkeit in einem Haus Schutz. Oder lauf im Wald in dichtes Gebüsch. Die Äste schnellen zurück und verwirren die Bienen oder Wespen.

 Spring nicht ins Wasser: Tauchst du wieder auf, warten die Wespen oder Bienen noch auf dich!

Bis zu 60 000 Bienen bilden ein Bienenvolk.

△ Bienen können 32 km/h schnell fliegen.

Bienenbehaarung

Bienenstich

Nach dem Stich einer Biene bleibt der Giftstachel im Fleisch. Ziehe ihn vorsichtig heraus, am besten mit einer Pinzette. Wenn du Atemnot bekommst, musst du sofort zu einem Arzt: Es könnte eine allergische Reaktion sein.

◁ Es gibt ca. 20 000 Bienenarten.

Bienenstachel sind voller Widerhaken.

Bienen haben einen zungenähnlichen Rüssel.

Viele Bienen leben in großen Gemeinschaften, Staaten genannt.

Die Biene stirbt meist, wenn sie einen Menschen gestochen hat, weil ihr Stachel stecken bleibt und aus ihrem Körper gerissen wird. Wenn sie andere Insekten stechen, verlieren Bienen nicht den Stachel.

Rekord: Ein Mensch überlebte mit 2243 Bienenstichen.

Fakten & Infos

So entkommt man Ameisen

In warmen Ländern wie Südamerika gibt es Ameisenarten, die uns Menschen gefährlich werden können.

▽ Sie töten alles, was ihren Weg kreuzt: Heuschrecken, Spinnen, Skorpione, Schlangen und Eidechsen. Bis zu 100 000 Beutetiere können einem Schwarm täglich zum Opfer fallen.

1 Trete nicht auf eine Ameisenstraße, wenn du im Regenwald bist. Wenn doch, gerate nicht in Panik und trample nicht herum, dadurch werden es nur noch mehr.

2 Lauf weg, wenn sie angreifen. Am besten springst du ins Wasser. Vergewissere dich aber, dass im Wasser nichts schwimmt, was schlimmer als die Ameisen ist!

3 Die Nester von Waldameisen kannst du gerne anschauen. Unsere Ameisen errichten aus Erdkrümeln, Blättern und Nadeln Nester, in denen sie Kammern und Gänge anlegen.

Mundwerkzeuge einer Soldatenameise

Eine große Ameise kann bis zu 300 m pro Stunde zurücklegen.

Gebissen! Was tun?

Schüttle nicht panisch deine Beine. Ameisen produzieren bei Aufregung eine spezielle Chemikalie, die bewirkt, dass andere Ameisen dich angreifen. Weglaufen und ins Wasser springen ist die sicherste Methode, sie loszuwerden.

Schon gewusst?

Treiberameisen sind fast ständig unterwegs. Sie fressen ein Gebiet leer und ziehen dann ins nächste.

Die längste Ameisenstraße ist ca. 6 km lang.

Treiberameisen bilden lange Straßen, auf denen Tausende von Tieren dahinkrabbeln. In der Masse sind sie genauso gefährlich wie ein Raubtier.

Fühlen sich Ameisen bedroht, beißen und stechen sie. Mit ihren scharfen Mundwerkzeugen kann eine große Menge von Treiberameisen auch größere Tiere töten, wenn diese nicht fliehen können. Feuerameisen stechen immer wieder.

Ameisensoldaten bilden eine Brücke.

Fakten & Infos

Gefahren in der Natur

Oftmals wendet sich das Wetter gegen uns. Stürme und Erdbeben zerstören Städte. Waldbrände und Lawinen bringen auch die belastbarsten Reisenden an ihre Grenzen.

Wie befreit man sich aus Treibsand?

Treibsand ist weicher, feuchter Sand, in dem man leicht versinkt. Unter diesem Sand ist nämlich kein fester Boden, sondern Wasser. Treibsand bildet sich, wo Wasser und Sand oder Lehm zusammenkommen.

△ *Du sinkst tiefer, je mehr du dich bewegst.*

Treibsand ist meist nur wenige Zentimeter tief.

 Warne sofort alle, die hinter dir gehen, damit sie nicht auch hineintreten – und damit sie dir helfen können.

 Versuche, festen Grund zu finden oder etwas, an dem du dich festhalten kannst – z. B. Grasbüschel.

 Nimm deinen Rucksack und alles ab, was dich schwerer macht.

Wenn ein anderer in Treibsand geraten ist

Spring nicht hinein, um zu helfen. Sag dem Betreffenden, dass er ruhig bleiben und sich möglichst langsam bewegen soll. Hole eine Stange oder einen langen Ast. Leg dich am Rand des Treibsands auf den Boden und halte den Ast so, dass der Eingesunkene sich festhalten kann. Ziehe ihn dann heraus.

Benutze einen Ast, um dich oder einen Freund aus dem Treibsand zu ziehen.

Fakten & Infos

Treibsandgebiete sind häufig mit Warnschildern markiert. Achte bei deiner Wanderung darauf.

Treibsand gibt es z. B. in Flussbetten oder an Gebirgsflüssen, an Meeresküsten oder in der Prärie. In Mitteleuropa kommt er zum Glück kaum vor.

 Bleib ruhig, wenn du in Treibsand eingesunken bist. Schlage nicht um dich. Je heftiger zu strampelst, umso schneller versinkst du. Bewege dich sehr langsam.

 Lehne dich zurück und breite Arme und Beine aus. Dadurch treibst du wie im Wasser. Schiebe dich auf dem kürzesten Weg vorsichtig zum festen Untergrund.

 Hast du einen Stock, leg dich darüber. Bewege ihn dann über Kreuz unter deinen Hüften. Dadurch gibt er dir im Treibsand Halt.

So übersteht man einen Orkan

Orkane sind gefährliche Stürme, die von starkem Seegang und schweren Regenfällen begleitet werden. Sie können schwere Schäden verursachen.

▷ Orkane erreichen Geschwindigkeiten von bis zu 250 km/h und dauern lange an.

Ein Orkan kann bis zu 10 km hoch werden und einen Durchmesser von bis zu 650 km haben.

Hilf mit, Türen und Fenster mit Brettern abzudecken.

Bei Überschwemmungsgefahr wird alles, was beschädigt werden kann, in höhere Stockwerke gebracht.

Bewohner stark gefährdeter Gebiete werden manchmal evakuiert. Achte darauf, dass deiner Familie dazu genügend Zeit bleibt.

Nimm die Haustiere mit oder schließe sie im Haus so ein, dass sie sicher sind. Stell genügend Futter und Wasser hin.

Suche einen sicheren Raum auf, wenn du während des Sturms zu Hause bleibst. Statte den Raum mit allem aus, was du innerhalb von 72 Stunden benötigen wirst.

▷ In der Mitte des Orkans befindet sich eine ruhige, windstille Stelle, das »Auge des Sturms«.

Weltraumblick auf das Wetter

Wenn ein Orkan kommt

Bleib im Haus. Halte dich von Türen und Fenstern fern. Diese sollten alle fest verschlossen sein. Achte darauf, dass immer genügend Bretter, Werkzeug, Batterien, Konserven, Wasservorräte und ein Radio im Haus sind. Höre in der gefährlichen Zeit regelmäßig Radio oder sieh die Fernsehnachrichten an, um die Sturmwarnungen nicht zu versäumen. Sie werden frühzeitig gegeben. Verlasse das Haus erst, wenn Entwarnung gegeben wurde.

Orkane entstehen auf der Nordhalbkugel zwischen Juni und Oktober und auf der Südhalbkugel zwischen November und März.

linksdrehender Orkan   rechtsdrehender Orkan

Orkane entstehen über dem Meer und bewegen sich dann auf das Land zu.

Norden
Süden
Äquator

Fakten & Infos

Das stärkste registrierte Erdbeben war 1960 mit 9,5 in Chile.

Verhalten bei Erdbeben

Erdbeben werden von Bewegungen im Inneren der Erde verursacht. Bei einem Erdbeben wird der Boden stark erschüttert. Straßen brechen auf, Häuser und Brücken können einstürzen.

▷ *Starke Erdbeben können Gebäude zerstören.*

Halte dich von allem fern, was herabstürzen oder umfallen könnte.

 Wenn du zu Hause bist, bleib drinnen. Suche unter einem Tisch, im Türrahmen oder neben einer Innenwand Schutz.

 Wenn du dich gerade in der Schule befindest: Versuche nicht, kopflos mit einer drängelnden Menschenmasse zum Ausgang oder ins Treppenhaus zu laufen. Benutze nicht den Aufzug.

 Wenn du im Freien bist, bleib dort. Entferne dich von Gebäuden, Brücken und Stromleitungen. Bleib in offenem Gelände, bis das Beben vorbei ist.

 Bleib ruhig. Oft dauert das Beben nicht lange.

▲ Schäden durch Erdbeben

Nach einem Erdbeben

Schau nach, ob du verletzt bist. Wenn dir nichts fehlt und du dich mit Erster Hilfe auskennst, kannst du Verletzten helfen. Achte dabei auf zerbrochenes Glas. Häufig werden Gas- und Stromleitungen bei Erdbeben beschädigt. Dies kann einen Brand auslösen. Bitte einen Erwachsenen, diese in deinem Haus zu überprüfen, bevor etwas eingeschaltet wird. Benutze weder Kerzen, Streichhölzer noch offenes Feuer, bis geklärt ist, dass nirgendwo Gas oder Öl austritt. Bei Gasgeruch muss das Gebäude sofort verlassen und die Feuerwehr gerufen werden.

Schon gewusst?

Die Stadt Concepción in Chile wurde 2010 von einem Beben 3 m westwärts verschoben.

Die Stärke eines Erdbebens wird durch die Richterskala ausgedrückt. Ein Beben der Stärke 9 auf der Skala ist zehnmal so stark wie eines der Stärke 8.

Etwa 500 000-mal bebt die Erde pro Jahr. Aber nur etwa 100 Beben richten Schaden an.

Wenn du in einem Erdbebengebiet lebst, brauchst du einen Feuerlöscher.

Fakten & Infos

Was tun bei Lawinengefahr?

Lawinen sind gewaltige Schneemassen, die mit hoher Geschwindigkeit einen Berghang hinabrutschen. Sie sind sehr gefährlich, weil sie auf ihrem Weg ins Tal alles unter sich begraben.

 Versuche, dich von Rucksack und Ausrüstung zu befreien.

 Versuche nicht, vor der Lawine davonzulaufen oder -zufahren. Sie ist immer schneller als du. Versuche, aufrecht zu bleiben und dich auf ihren Rand zuzubewegen, wo sie schwächer ist.

 Versuche, durch kräftige Bewegungen an der Oberfläche zu bleiben.

△ Skiläufer können leicht in Lawinen geraten.

Schon gewusst?
Die größten Lawinen können bis 1 km breit werden und mit ca. 350 km/h den Berghang hinunterstürzen.

Jedes Jahr sterben ca. 150 Menschen durch Lawinen.

Überlebenstipps

Lawinen bilden sich an Hängen, kurz nach heftigen Schneefällen oder bei starkem Wind sowie bei starker Erwärmung. Lass dich immer von einem Ortskundigen beraten, bevor du in die Berge gehst. Unternehme Skitouren und Winterwanderungen nur in Begleitung erfahrener Erwachsener.

Verlasse beim Ski- oder Snowboardfahren niemals die gesicherten und präparierten Pisten und Abfahrten. Blinklichter an den Pisten bedeuten: Lawinenwarnung.

Atme gleichmäßig, um Energie und Sauerstoff zu sparen. Schrei nur, wenn Retter in der Nähe sind: Der Schnee dämpft deine Stimme.

Lawinenhunde

△ Um Verschüttete zu finden, werden oft Hunde eingesetzt.

Wenn du in eine Lawine gerätst

Lass die Skistöcke los. Bevor die Lawine zum Stillstand kommt, rolle dich zusammen und halte Hände und Arme vor das Gesicht (»Boxerhaltung«). Versuche, mit den Händen eine Atemhöhle vor deinem Gesicht zu schaffen.
Wenn du in der Lage bist, dich zu bewegen, bist du vermutlich nicht sehr tief verschüttet. Dann kannst du versuchen, eine Hand nach draußen durchzuschieben, damit du gesehen wirst. Andernfalls solltest du damit nicht sinnlos Energie verschwenden.

Lawinen entstehen sehr schnell.

Verhalten bei Gewitter

Benutze das Telefon nur im Notfall.

Blitze sind elektrische Entladungen. Sie entstehen in Gewitterwolken, in denen Eiskristalle so schnell umherwirbeln, dass sich elektrische Ladungen aufbauen. Blitze können in Gegenstände und in Lebewesen einschlagen.

▷ *Blitzschlag ist eine der häufigsten wetterbedingten Verletzungs- und Todesursachen.*

Schon gewusst?
An manchen Stellen schlägt der Blitz öfter ein. Das Empire State Building in New York wird 20- bis 30-mal im Jahr von Blitzen ge-troffen.

Hast du gewusst, dass Gummisohlen nicht vor Blitzschlag schützen?

1 Im Auto: Bleib drin und verschließe Fenster und Türen. Es passiert nichts, wenn der Blitz ins Auto einschlägt, weil die Reifen den Strom nicht weiterleiten.

2 Suche in einem Gebäude Schutz und schließe alle Fenster und Türen. Stell dich nicht ans Fenster.

3 Meide offenes Gelände, Berggipfel und -kämme und Masten. Suche niemals unter Bäumen Schutz. Der Blitz schlägt meist in das höchste Objekt ein.

Fakten & Infos

Jede Sekunde zucken weltweit ca. 100 Blitze vom Himmel – mehr als 8 000 000 pro Tag.

Weltrekord: Der amerikanische Ranger John Sullivan wurde 7-mal vom Blitz getroffen – und überlebte.

Blitze können mehr als 8 km lang sein.

Blitze können die umgebende Luft auf bis zu 28 000 °C aufheizen.

▷ Künstlicher Blitz und Kaskadenwandler

Wie weit ist das Gewitter entfernt?

Um auszurechnen, wie weit das Gewitter entfernt ist, zählt man die Sekunden zwischen Blitz und Donner. Teile die Zahl der Sekunden durch drei, und du erhältst die Zahl der Kilometer. Suche sofort einen geschützten Ort auf, wenn das Gewitter nicht weiter als 10 km entfernt ist.

 Halte dich von Draht und Metall fern. Wirf alle Metallgegenstände weg, die du bei dir hast (z. B. Schirm und Schlüssel).

 Wenn dein Haar vom Kopf absteht, ist die Luft elektrisch geladen und es könnte ein Blitz einschlagen. Knie dich hin und beuge dich mit gesenktem Kopf vor, aber nicht auf den Boden legen.

 Warte, bis das Gewitter ganz vorbei ist. Auch noch eine halbe Stunde, nachdem Regen und Donner aufgehört haben, können Blitze einschlagen.

So übersteht man einen Tornado

Ein Tornado ist der heftigste Sturm, den wir kennen. Er entsteht so plötzlich, dass Warnungen meist zu spät kommen.

▽ *Es bildet sich ein wirbelnder Trichter, der alles auf seinem Weg hinwegfegt.*

Überlebenstipps

Sei bei Gewitter auf der Hut! Dies könnte ein erstes Anzeichen für einen Tornado sein.

Wähle als Schutzraum einen Raum ohne Fenster aus.

Auch eine Staubwolke kann einen Tornado ankündigen. Oft sieht man aber auch gar nichts.

Vor einem Tornado ist es manchmal völlig windstill.

Bereite eine Notfallausrüstung vor: Erste-Hilfe-Paket, Taschenlampe, Batterien, Dosenöffner sowie Lebensmittel, Wasser und Medikamente für drei Tage.

▷ *Wichtig ist ein gutes Erste-Hilfe-Set.*

Tornados wirbeln mit einer Windgeschwindigkeit von 600 km/h umher.

Im Freien oder auf dem Campingplatz: Geh in einen Schutzraum oder in den Keller oder Flur eines stabil gebauten Gebäudes.

 Halte dich von Fenstern und Glastüren fern. Setz dich unter einen Tisch und halte dich gut fest.

 Im Auto: Verlasse es und suche in einem Gebäude Schutz. Man sollte nie versuchen, einem Tornado davonzufahren: Er könnte die Richtung ändern und das Auto erfassen.

 Wenn du den Tornado sehen kannst, entferne dich rechtwinklig von seinem Weg. Leg dich weit weg von Autos, Bäumen und Stromleitungen in einen Graben. Bedecke Kopf und Hals.

△ Tornados können sogar Autos hochreißen und wie Spielzeuge herumwirbeln.

Nach einem Tornado

Schau zusammen mit deiner Familie nach, ob die Nachbarn Hilfe brauchen.
Benutze das Telefon nur für Notrufe.
Schalte den Strom zu Hause erst ein, nachdem geprüft wurde, ob die Gasleitungen unbeschädigt sind. Bei Gasgeruch sofort das Gebäude verlassen!
Trinke kein Leitungswasser, wenn die Leitungen beschädigt sind.
Achte auf Radiodurchsagen.

Überleben im Schneesturm

In einem Schneesturm wirbeln die Schneeflocken so heftig umher, dass die Sicht stark eingeschränkt ist. Für einen unvorsichtigen Reisenden kann dies tödliche Folgen haben.

Bewege Arme und Beine, um den Kreislauf zu unterstützen und warm zu bleiben.

 Im Freien: Geh nicht mehr weiter! Es ist besser, an Ort und Stelle zu bleiben. Bau dir einen Unterstand: Grabe ein Loch in den Schnee und decke es mit Ästen ab.

 Achte beim Graben in tiefem Schnee darauf, nicht zu müde zu werden. Bei Kälte kann Erschöpfung tödlich sein.

 Wenn du zu Hause bist: Hilf deinen Eltern nachzuschauen, ob die Nachbarn den Sturm gut überstanden haben und mit allem Wichtigen versorgt sind.

Eingeschneit im Auto

Bleib darin sitzen. Du könntest dich sonst verirren. Hänge nach Möglichkeit etwas Buntes an die Antenne. Der Motor sollte pro Stunde zehn Minuten laufen, um das Auto zu erwärmen. Dabei muss ein Fenster leicht geöffnet sein.

Schon gewusst?

Ein eingeschneiter LKW-Fahrer verbrachte 1978 sechs Tage in seinem LKW. Er überlebte, indem er Schnee aß und sich in eine Decke wickelte.

▷ Bei tiefem Schnee sorgen Schneeketten für Griff auf der Fahrbahn.

Schneeketten

Überlebenstipps

Achte immer auf den Wetterbericht. Geh stets nur warm angezogen aus dem Haus.

Sorge dafür, dass im Auto alles ist, was man im Notfall braucht: Schneeketten, Starthilfekabel, Sandsack, Schaufel, Eiskratzer, Abschleppseil, Taschenlampen, Decken, haltbare Lebensmittel, ein helles Tuch für Signale und ein Handy.

Wenn der Schnee sehr tief ist: Grabe dir eine Höhle. Da kalte Luft absinkt, muss der Eingang tiefer liegen als die Stelle, an der du sitzt. Grabe ein Atemloch und halte es frei.

▷ Mit einer Schaufel kannst du dich aus Schneewehen graben.

Im Fall einer Panne sollte man beim Auto bleiben. So wird man leichter gefunden.

Überleben in der Wüste

In einer Wüste gibt es im Jahr weniger als 25 cm Niederschlag. Am Tag ist es in den meisten Wüsten glühend heiß und nachts ist es sehr kalt.

Überlebenstipps

Bei einer Reise durch die Wüste solltest du gut vorbereitet sein. Achte darauf, dass deine Eltern das Auto mit diesen Dingen ausgestattet haben: gefüllte Benzinkanister, Ersatzteile, Karten und Signalgeräte sowie reichlich Wasser: mindestens 4l pro Person und Tag.

Sonnenbrillen sind überlebenswichtig in der Wüste.

 Reise nachts oder früh am Morgen. Trage am Tag Kleidung, die den Körper vollständig bedeckt. Sie schützt vor der Sonne und verringert den Wasserverlust.

 Trage eine Sonnenbrille. Oder schmiere dir Asche unter die Augen. So blendet die Sonne weniger. Trage immer einen Kopfschutz – und sei es ein selbst gemachter aus Blättern.

 Trinke ausreichend Wasser. Bewege dich nicht zu viel. Ruhe oft aus. Vermeide einen Hitzschlag.

So findest du Wasser

Stülpe eine große Plastiktüte über einen Kaktus oder eine andere Pflanze, die in der Sonne steht. Blase die Tüte auf und binde sie unten zu. Mit der Zeit sammelt sich darin Wasser. Sammle früh am Morgen mit einem Tuch von der Oberfläche von Metall, Steinen und Blättern Wasser und wringe es über einem Behälter aus. Anzeichen für eine Wasserstelle sind Vögel und grüne Pflanzen.
Wenn du wenig zu trinken hast, solltest du nicht essen: Der Körper braucht für die Verdauung Wasser.

▲ Stacheliger Kaktus

△ Schneide ungiftige Kakteen auf und kaue das Fleisch (aber nicht schlucken!). Es enthält nahrhaften Saft.

In ebener Wüste kann man mit einem Spiegel Signale geben.

Benutze dazu das Auto oder einen natürlichen Schutz. Beginne mit der Arbeit erst, wenn es kühl ist.

Um Schatten zu erhalten, kann man aus Steinen oder Zweigen eine niedrige Mauer bauen und auf der Schattenseite einen Graben ausheben. Versuche, dich nicht direkt auf den Boden zu legen.

Informiert andere darüber, wann ihr abfahrt und wann ihr zurückkommen oder einen anderen Ort erreichen wollt.

Überleben auf See

Das Überleben auf See ist viel schwieriger als an Land. Bei jeder Fahrt aufs Meer hinaus sollte man Lebensmittelvorräte, Karten und Navigationsinstrumente sowie Signalgeräte mitnehmen.

Schon gewusst?

Auch Seevögel kann man gefahrlos roh essen. Allerdings schmecken sie nach Fisch. Wenn man sich die Federn in die Kleidung stopft, wärmt sie

△ Führe immer eine Schwimmweste oder eine andere geeignete Schwimmhilfe mit.

Überlebenstipps

Auf jeden Fall solltest du vorher schwimmen lernen. Das erhöht nicht nur deine Überlebenschancen, sondern gibt dir auch mehr Selbstsicherheit.

Ein Erwachsener sollte folgende Dinge einpacken: Erste-Hilfe-Set, Karten, Navigationsinstrumente und Signalgeräte, Trinkwasser, Kleidung und Decken, Dosennahrung, Angelzeug, eine Taschenlampe und Batterien.

Hole möglichst viele Dinge zu dir heran, die schwimmfähig sind. Sie können dir nützlich sein.

 Ohne Schwimmweste: Verknote die Hosenbeine an den Knöcheln. Blase die Hose mit Luft auf und lege sie dir um den Hals, sodass auf jeder Seite ein Bein ist, und presse den Hosenbund gegen deinen Bauch.

 Der Körper kühlt im Wasser schnell aus. Versuche, schnell herauszukommen. Gib mit einem Spiegel Signale, wenn Flugzeuge oder Schiffe vorbeikommen.

Im Rettungsboot

Bleib so lange wie möglich an Bord. Nimm möglichst viel Trinkwasser und Lebensmittelkonserven in das Rettungsboot mit.
Bleib in der Nähe der Stelle, an der das Schiff (oder Flugzeug) versank, denn hier werden die Retter als Erstes suchen.
Trinke, wenn du Durst hast. Trinke niemals Salzwasser oder Urin. Wenn Wasser knapp ist, solltest du nichts essen.
Fange mit Schuhen, Taschen und Plastikplanen Regenwasser auf.
Fertige aus einer Schnur und einem Angelhaken oder einem Stück Draht oder Holz eine Angel an. Angle bei Tag und Nacht in unterschiedlicher Tiefe. Frischen Fisch kann man roh essen.

△ Suche stets den Horizont nach Schiffen ab, die dich retten könnten.

Behalte im Wasser deine Kleidung an.

Überleben an einem einsamen Strand

An einem einsamen Strand zu überleben, ist einfacher als auf hoher See. Meist findet man an Küsten Süßwasser, Nahrung und Material für den Bau eines Unterstands.

 Suche einen windgeschützten Ort, der weit von der Flutlinie entfernt liegt, aber in der Nähe einer Wasser- und einer Nahrungsquelle.

 Baue aus Ästen ein Gerüst und bedecke es mit Palmwedeln und Blättern. Aus Pflanzenfasern kannst du Seile herstellen.

 Wenn du eine zum Bewohnen geeignete Höhle gefunden hast: Lass das Feuer im hinteren Teil brennen, sodass der Rauch aufsteigt und an der Decke entlang aus der Höhle abzieht.

Überlebenstipps

Um Signale zu senden, mach ein Feuer. Leg frische grüne Pflanzen obenauf, damit viel Rauch entsteht.

Schreibe eine Botschaft in den Sand. Stell dein Rettungsboot so auf, dass es gut sichtbar ist. Gib Rettungsschiffen oder Hubschraubern mit einem Spiegel Signale.

Feuer ist auf See weit zu sehen.

Besuche andere Strände erst, wenn du mit den Gezeiten vertraut bist. Geh nur bei Ebbe.

43

 Trinkwasser ist das Wichtigste. Suche zunächst nach einem Süßwasserfluss, der ins Meer mündet.

 Gibt es kein fließendes Süßwasser, grabe über der Flutlinie einen Brunnen. Vielleicht findest du in 1 m Tiefe Wasser. Koche es vorher ab!

 Kokosnüsse enthalten Wasser. Schlage sie zum Öffnen an Steine.

Iss nichts, was du nicht kennst.

△ Eine Kokosnuss enthält etwa einen Viertelliter Wasser.

Was tun bei Überschwemmungen?

Nach schweren, lang anhaltenden Regenfällen schwellen Wasserläufe stark an und es kann sehr schnell zu Überschwemmungen kommen.

Halte dich von tief liegenden Orten fern, die als erste überflutet werden.

Überlebenstipps

Achte auf Radiodurchsagen. Wenn eine Blitzflut angekündigt wird, verlasse das Haus rasch: Hier zählt jede Sekunde!

Durchquere auch zu Fuß nie fließendes Überschwemmungswasser, das dir über die Knie reicht.

Sandsäcke können dein Zuhause retten.

 Achte besonders im Frühjahr auf Warndurchsagen und nimm sie ernst. Sei stets bereit, das Haus zu verlassen.

 Blitzartige Überschwemmungen sind nicht leicht vorauszusagen. Halte dich, wenn es stark regnet, von ausgetrockneten Flussbetten fern. Achte auf steigende Wasserspiegel.

 Halte viele Sandsäcke bereit. Damit kann man das Haus schützen.

Schon gewusst?

Durch Überschwemmungen verlieren mehr Menschen ihr Leben und ihre Habe als durch andere Katastrophen.

Nach der Flut

Schalte nicht das Licht ein, wenn du wieder zu Hause bist. Die Leitungen müssen erst überprüft werden. Benutze stattdessen eine Taschenlampe.
Trinke Leitungswasser erst, wenn die Leitungen nachgesehen wurden. Oder koche es mindestens zehn Minuten lang ab.
Wirf Lebensmittel und Medikamente weg, die mit dem Flutwasser in Berührung gekommen sind.

△ Versuche nie mit dem Auto auf eine überflutete Straße zu fahren.

Bereits 60 cm tiefes Wasser schwemmt ein Auto davon.

 Hilf mit, rund um dein Haus eine Mauer aus Sandsäcken zu errichten und Stellen abzudichten, an denen Wasser eintreten könnte.

 Wenn der Fluss langsam anschwillt, hilf mit, Tiere, Fahrzeuge und wertvolle Gegenstände in Sicherheit zu bringen.

 Fülle Badewannen, Waschbecken und Behälter mit Trinkwasser. Nach einer Überschwemmung kann Leitungswasser verunreinigt sein.

46

Ca. 10 % der Blitzeinschläge verursachen Brände.

Verhalten bei Waldbrand

Wenn das Wetter trocken und heiß ist, kommt es relativ leicht zu Waldbränden. Bei starkem Wind kann sich das Feuer rasch ausbreiten.

▽ *Lösche Lagerfeuer immer gründlich.*

Feuer kann man oft schon von Weitem riechen. Ein weiteres Anzeichen sind verängstigte Tiere.

Prüfe die Windrichtung. Wenn der Wind in Richtung auf das Feuer bläst, dann geh gegen den Wind. Wenn der Wind vom Feuer her bläst, breitet es sich rascher aus. Versuche nicht, davor wegzulaufen.

Suche eine Lücke im Wald, wo das Feuer wenig Nahrung findet, und harre dort aus, bis es vorbeigezogen ist.

Wenn es geht, mach deine Kleidung nass. Leg dir die nasse Jacke über den Kopf.

Achte auf Feuerwarnungen im Radio.

Feuerausbruch

Versuche, es zusammen mit einem Erwachsenen sofort zu löschen, indem ihr die Flammen mit einem Schlafsack, einer Jacke oder Decke (nicht aus Synthetik!) erstickt. Benachrichtige den Förster oder die Feuerwehr (Notruf). Mach dich bereit, das Gebiet rasch zu verlassen. Sprich mit deiner Familie Fluchtpläne ab. Wenn noch Zeit ist: Spritze das Haus mit dem Gartenschlauch ab. Dann können Funken es nicht so leicht in Brand setzen.

Schon gewusst?

Waldbrände entstehen auch aus nachlässig gelöschten Lagerfeuern. Gieße Wasser über die Glut, bis der Boden nass ist. Bedecke die Stelle mit Erde.

Ein Waldbrand kann in einer halben Stunde eine Fläche von der Größe von 400 Fußballfeldern vernichten. Waldbrände breiten sich schnell aus: mit dem Wind ca. 10 km pro Stunde.

Auch Blitzeinschläge lösen viele Waldbrände aus. Jeden Tag schlagen weltweit 100 000 Blitze auf der Erde ein.

In Südeuropa vernichten Brände jedes Jahr riesige Waldflächen.

Fakten & Infos

Die niedrigste gemessene Temperatur waren –89,2 °C in der Antarktis.

Überleben in der Eiswüste

Eiswüsten und Hochgebirge gehören zu den unwirtlichsten Orten der Erde. Extreme Kälte und eisige Winde erschweren das Überleben.

▽ Geeignete Kleidung gegen die eisige Kälte zu tragen, ist überlebenswichtig.

Schon gewusst?
Ein Mensch, der in der Arktis nackt einem –43 °C kalten und mit 50 km/h wehenden Wind ausgesetzt wäre, könnte nur ca. 15 Minuten überleben.

 Informiere immer jemanden, wohin du gehst und wann du zurückerwartet werden kannst. Dann weiß man, wo man dich suchen muss.

 Erinnere deine Begleiter daran, genug Benzin, Ersatzteile, Werkzeug für den Bau eines Unterstands sowie Streichhölzer mitzunehmen. Wichtig sind auch Karten, Kompass und Signalgeräte.

 Trage mehrere Schichten warmer Kleidung übereinander sowie eine Mütze, eine wind- und wasserabweisende Jacke, mehrere Paare warmer Socken und wasserfeste Schuhe.

Schnee und Eis bedecken 10 % der Erde.

Überlebenstipps

In der Kälte benötigt der Körper mehr Energie, um warm zu bleiben. Nimm als Proviant leichte, energiereiche Nahrungsmittel mit. Schmilz Schnee in einem Topf über dem Feuer und filtere das erhaltene Wasser mit einem Tuch. Koche es vor dem Trinken ab.

Schneide zum Fischfang mit dem Messer ein ca. 30 cm großes Loch ins Eis.

Bau eines Unterstands

Ein Unterstand sollte stets an einem windgeschützten Ort errichtet werden, an dem sich keine Schneewehen bilden. Auch eine in den Schnee gegrabene Höhle, eine Felshöhle oder ein hohler Baum bietet Schutz. Bedecke den Boden mit Ästen, um dich vor der Bodenkälte zu schützen. Eine hinter dem Feuer errichtete Wand aus Steinen oder Ästen verhindert, dass Wärme verloren geht.

 Eine Sonnenbrille schützt die Augen vor Sonnenstrahlung und vor Schnee und Eis.

 Wenn dir warm ist, öffne die Jacke oder leg eine Schicht Kleidung ab. In verschwitzter Kleidung kühlt man rasch aus.

 Für Übernachtungen auf der Wanderung brauchst du einen warmen, wasserabweisenden Schlafsack.

Viele Gefahrensituationen – wie Hausbrände, Massenpaniken und Flugzeugabstürze – verursacht der Mensch. Richtiges Verhalten kann auch hier dein Leben retten.

Aus einem versinkenden Auto entkommen

Wenn das Auto in ein Gewässer gestürzt ist und versinkt, ist das Wichtigste, nicht in Panik zu geraten.

In den USA ertrinken jährlich ca. 130 Menschen in Autos.

△ 2011 versenkte ein Tsunami in Japan Tausende Fahrzeuge.

1 Bevor das Auto auf dem Wasser aufschlägt, öffne die Fenster so weit wie möglich. Elektrische Fensterheber funktionieren im Wasser nicht mehr.

2 Befreie dich aus dem Auto, solange es noch im Wasser treibt. Die Türen lassen sich jetzt nicht mehr öffnen, weil das Wasser dagegendrückt. Es bleibt nur das Fenster.

3 Wenn du das Fenster nicht öffnen kannst, schlage es mit einem harten Gegenstand ein oder tritt fest gegen das Fenster.

Man sollte niemals mit dem Auto über einen gefrorenen Teich oder See fahren. Wenn das Eis an einer Stelle zu dünn ist, bricht das Auto sofort ein.

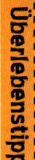

Überlebenstipps

Ein Auto schwimmt nur 30 Sekunden, bevor es sinkt.

Schon gewusst?
Der alte Volkswagen Käfer ist bekannt dafür, einige Sekunden länger zu schwimmen als andere Autos.

Wenn du nicht herauskommst
Versuche, ruhig zu bleiben. Wenn sich das Auto umdreht oder vorne abkippt, halte dich am Lenkrad oder einem Türgriff fest. Hole tief Luft, wenn der Wasserspiegel dein Kinn erreicht hat. Inzwischen sollte es möglich sein, eine Tür zu öffnen, weil das Wasser nicht mehr so stark dagegendrückt. Schwimme nun so schnell wie möglich hinaus.

Verhalten in großen Menschenmengen

Bei Karnevalsumzügen, Sportveranstaltungen, Konzerten und Festivals kommen große Menschenmengen zusammen. Das ist nicht immer ungefährlich.

Eine schiebende Menschenmenge bewirkt ein bedrohliches Gedrängel.

 Wenn du von allen vier Seiten angerempelt wirst, verlasse den Ort sofort. Nähere dich dem Rand der Menge diagonal.

 Wenn du von einer Menschenmenge eingeschlossen bist, bleib ruhig, aber wachsam, um mögliche Fluchtwege zu entdecken.

 Halte deine Arme mit abgewinkelten Ellenbogen vor dich wie ein Boxer. Das verschafft dir den Raum zum Atmen.

 Stell die Füße schulterbreit auseinander. So fällst du weniger leicht und senkst die Gefahr, zertrampelt zu werden.

 Renn nicht einfach der Herde nach. Vielleicht gibt es einen besseren Ausgang als den, zu dem die panische Masse strebt.

 Drängle nie in Menschenmengen. Bitte andere, Schubsen zu unterlassen. Versuche Umstehende zu beruhigen.

Gedränge entsteht, wenn eine Menschenmenge vor Gefahr flieht. Wenn Panik aufkommt, wird aus Drängeln Schieben und Stoßen – und dann geht es umso langsamer. Versuche, ruhig zu bleiben, dann findest du leichter einen Ausweg.

Fakten & Infos

Gedränge vermeiden

Suche bei Massenveranstaltungen die weniger begehrten Plätze auf. Hier wird das Gedränge nicht so dicht. Überlege dir gut, ob du zu einer Veranstaltung gehst, bei der man keine Sitzplätze reservieren kann. Ohne gute Organisation kann es dort gefährlich werden.
Wenn du stehst: Suche dir einen Stehplatz am Rand der Menge und plane vorsichtshalber gleich einen Fluchtweg.

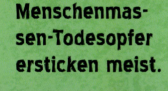

Menschenmassen-Todesopfer ersticken meist.

Schon gewusst?
Mitten in der Menge ist es oft wie in einer Herde: Jeder folgt blind den anderen und übersieht dabei Fluchtwege.

Einen Flugzeugabsturz überleben

So unwahrscheinlich es klingt: Es ist durchaus möglich, einen Flugzeugabsturz zu überleben. Wie immer hilft es, auf alles gefasst zu sein und ruhig zu bleiben.

Schon gewusst?

2009 rettete der Pilot eines gerade in New York gestarteten Flugzeugs alle 155 Passagiere durch eine Notlandung im Hudson River.

Moderne Technik macht Fliegen sicher. Wenn man den Weg zum Flughafen im Auto zurücklegt, hat man den gefährlichsten Teil der Reise bereits hinter sich.

▷ *Dein Gurt kann dich bei einem Absturz oder abrupten Stopp schützen.*

Fakten & Infos

▷ Studiere die Sicherheitshinweise vor dem Start und erneut vor der Landung.

1 Folge den Anweisungen des Bordpersonals. Spanne vor einer Notlandung den Sicherheitsgurt so straff wie möglich. Beuge dich nach vorne und verschränke die Hände über dem Hinterkopf.

2 Wenn ihr über Wasser fliegt: Leg die Schwimmweste an (sie ist unter dem Sitz). Blase sie erst nach Verlassen des Flugzeugs auf.

3 Halte dich von Feuer und Rauch fern. Breite ein feuchtes Papiertaschentuch über Nase und Mund.

◁ Passagierflugzeuge werden durchschnittlich einmal pro Jahr vom Blitz getroffen.

Düsenflugzeuge können mit einem Triebwerk landen.

Flucht aus bren- nenden Gebäuden

Um aus einem brennen- den Gebäude heraus- zukommen, muss man den günstigs- ten Fluchtweg kennen. Wenn du gut vorbereitet bist, kannst du schnell reagieren.

Schon gewusst?

Rauch enthält giftige Gase. Die meisten Todesopfer bei Feuer in Gebäuden sterben an Rauchvergiftung.

1 Verlasse sofort das Haus, wenn der Rauchmelder Alarm gibt. Vergeude nicht unnötig Zeit mit Packen.

2 Wenn du durch Rauch gehen musst: Krieche am Boden entlang. Hier kann man besser atmen. Bedecke Mund und Nase mit einem feuchten Tuch.

3 Öffne nie eine Tür, die sich heiß anfühlt. Schiebe eine kühl wirkende Tür vorsichtig mit der Schulter auf. Wenn dir Hitze und Rauch entgegenkommen, schlage sie sofort wieder zu.

4 Wenn du keinen sicheren Weg aus dem Gebäude findest, versuche, einen Raum mit Fenster und Telefon zu finden.

5 Ruf die Feuerwehr an und sag, wo du bist – auch wenn du draußen schon Feuerwehrleute siehst. Winke aus dem Fenster, damit sie dich auch sehen.

Sei bereit! Schau nach, ob es in eurem Haus einen Feuerlöscher gibt. Damit kann man kleine Feuer rasch löschen.

Wichtig ist ein sinnvoller Fluchtplan. Aus jedem Raum sollte es zwei Fluchtwege geben. Verabrede mit deiner Familie einen Treffpunkt, an dem ihr euch nach einem Notfall treffen könnt. Dann wisst ihr bald, ob jemand fehlt oder ob alle in Sicherheit sind.

Überlebenstipps

Schlage den sichersten Fluchtweg ein. Versuche, dem Rauch auszuweichen.

Wenn du draußen bist

Ruf von einem Nachbarn aus die Feuerwehr an. Geh niemals in ein brennendes Haus zurück. Warte auf die Feuerwehr.

△ *Die Mehrheit aller Hausbrände beginnen in der Küche.*

Rettung bei Schiffbruch

Statistisch sinken weltweit zwei große Schiffe pro Woche.

Wenn ein Schiff sinkt, sollten die Passagiere es geordnet verlassen. Sei besonnen, überlege gut und handle rasch.

Schon gewusst?
Rettungsboote sollten immer nahe beim Schiff bleiben. Wenn das Schiff doch nicht sinkt, können Passagiere wieder an Bord gehen.

Bleib ruhig und aufmerksam. Tiefes Atmen hilft, Panik zu vermeiden. Reagiere schnell. Höre dir die Anweisungen an und befolge sie.

Achte auf das Signal zum Verlassen des Schiffs. Kurze und lange Töne wechseln fortlaufend.

Steig an Deck oder über eine Leiter oder ein Seil in ein Rettungsboot. Spring möglichst nicht ins Wasser.

Überlebenstipps

Alle großen Schiffe haben Rettungsboote, mit denen die Passagiere im Notfall fliehen können.
Nimm an Rettungsübungen teil, sie bereiten dich auf den Ernstfall vor. Achte auf Hinweisschilder in den Gängen, die dich zu den Rettungsbooten leiten.

Wenn Alarm gegeben wird

Lies die ausgehängten Sicherheitshinweise. Hier wird erklärt, welche Alarmsignale es gibt, wie man die Schwimmweste anlegt und wo diese und die Rettungsboote zu finden sind.

Steig möglichst schnell hoch, wenn du unter Deck bist.
Wenn das Schiff schief im Wasser hängt, suche den höchsten Punkt auf. Halte dich irgendwo fest und begib dich zum Deck.

 Wenn Zeit bleibt, dann nimm so viel warme Kleidung wie möglich mit. Schnalle deine Schwimmweste fest.

 Im Wasser: Schwimme zum nächsten Rettungsboot, zu einem anderen Schiffbrüchigen oder zu einem treibenden Gegenstand, an dem du dich festhalten kannst.

 Benutze die Pfeife, die eventuell an deiner Schwimmweste hängt, um auf dich aufmerksam zu machen. Verlasse das Wasser so schnell wie möglich.

Grundlegende Überlebenstechniken

In diesem Kapitel lernst du, was du wissen und mitnehmen und – am wichtigsten – wie du dich verhalten musst, wenn du die Wildnis erkundest.

Brillenträger: An Ersatzbrille oder zweites Paar Kontaktlinsen denken!

Vor einer Wandertour

Prüfe vor dem Aufbruch, ob du fit genug bist – und ob alles, was du brauchst, vorbereitet und in gutem Zustand ist. Richtige Kleidung und Ausrüstung entscheiden über deine Sicherheit.

Packe eine Grundausstattung für den Notfall ein.
Erste-Hilfe-Set, Taschenlampe und wasserfeste Streichhölzer sind unverzichtbar.

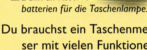
△ Denk an Reservebatterien für die Taschenlampe.

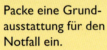

Du brauchst ein Taschenmesser mit vielen Funktionen. Pack auch eine Trillerpfeife, Kochausrüstung und eine Landkarte der Gegend ein.

Überlebenstipps

1 Überlege gut, welche Ausrüstung du brauchst. Nimm genügend Medikamente mit, die du benötigst.

2 Bei Hitze: Packe lose Baumwollkleidung und einen Sonnenhut ein.

3 Bei Kälte: Packe eine dicke Mütze, Handschuhe, dicke Socken, feste Schuhe, bequeme Kleidung und eine wetterfeste Jacke ein.

Nicht vergessen!

Bevor du in die Wildnis aufbrichst, solltest du jemandem sagen, wo du hinwillst und wann du zurückkommst. Wenn etwas schiefgeht, kann er Rettungskräfte verständigen.

▷ *Ein Kompass ist überlebenswichtig!*

Insektenschutzmittel nicht vergessen!

Schon gewusst?
Iss bei Unterkühlung kalorienreiche Nahrung wie Schokolade, die viel Fett enthält.

Wasserfeste Streichhölzer

Orientierung

Auf Touren ist es wichtig, Standort und Weg zu bestimmen. Man braucht aber nicht immer einen Kompass. Auch Sonne und Sterne oder einfach deine Uhr können bei der Orientierung helfen.

Sterne als Helfer

In klaren Nächten findest du den Weg mithilfe zweier berühmter Sternbilder: Auf der Nordhalbkugel weisen die beiden letzten Sterne des »Hinterteils« des Großen Bären zum Polarstern. Norden ist am Horizont unterhalb des Polarsterns. Suche auf der südlichen Halbkugel nach dem Kreuz des Südens und verbinde die vier Sterne zu einem Kreuz. Folge der längeren Linie mit den Augen bis zum Horizont. Hier ist der Süden. In einem Observatorium erfährst du mehr darüber.

Nordhalbkugel
Großer Bär (Großer Wagen)

Südhalbkugel
Kreuz des Südens

Der Große Wagen ist Teil des Sternbilds Großer Bär.

Orientierung mithilfe der Uhr

Es funktioniert am besten, wenn die Sonne nicht am höchsten Punkt steht.

Auf der Nordhalbkugel: Lass den Stundenzeiger auf die Sonne zeigen. Stell dir eine in der Mitte zwischen dem Zeiger und der Zwölf verlaufende Linie vor. Sie zeigt nach Süden.

Auf der Südhalbkugel: Richte die Zwölf auf die Sonne. Stell dir eine Linie vor, die zwischen der Zwölf und dem Stundenzeiger verläuft. Sie zeigt nach Norden.

▷ Nordhalbkugel

▷ Südhalbkugel

---

88 Sternbilder leuchten am Himmel. Die meisten siehst du von der südlichen und der nördlichen Erdhalbkugel aus, je nach Jahreszeit. Die Polarsterne allerdings sind das ganze Jahr über von der einen oder der anderen Hemisphäre aus zu sehen.

▷ In Sternwarten kannst du viel über die Sterne erfahren.

Überlebenstipps

Umgang mit dem Taschenmesser

Ein gutes Taschenmesser ist ein wichtiger Teil der Ausrüstung und erfüllt viele Zwecke. Benutze es auf vernünftige Weise und nur, wenn ein Erwachsener dabei ist.
Und: Pflege es gut.

Ein Messer ist hilfreich beim Bau eines Unterschlupfes.

Schnitzen

▷ Vorsicht, wenn du ein Messer benutzt!

Schneide immer von dir weg, damit du dich in keinem Fall verletzt.

 Ein stumpfes Messer ist nicht nur unbrauchbar, sondern auch gefährlich. Schärfe das Messer mit einem Wetzstein.

 Befeuchte den Stein mit etwas Spucke. Lege die Schneide an den Stein.

 Streiche mit beiden Seiten der Klinge abwechselnd so lange gegen den Stein, bis sie wieder scharf ist. Lass dir von einem Erwachsenen dabei helfen.

Sicher- heitstipp

Leg zum Öffnen deinen Daumen in die Kerbe an der stumpfen Seite des Messers und klappe die Klinge bis zum Anschlag heraus.

Verwendung des Messers

Schneide immer von dir weg, damit du dich nicht schneidest, wenn das Messer abrutscht. Denke daran, dass es klein ist und sich eher zum Schneiden kleiner Dinge eignet. Reinige es nach Gebrauch und verstaue es in deinem Rucksack.

Dosenöffner — *große Klinge* — *Kerbe zum Öffnen* — *Säge* — *Schere* — *Zange* — *langer Schraubenzieher* — *Korkenzieher* — *Dorn zum Bohren von Löchern* — *Schraubenzieher* — *Kreuzschlitz-Schraubenzieher*

Manche Taschenmesser haben nur eine Klinge, andere haben mehrere Klingen und Werkzeuge.

Fakten & Infos

Streiche nun beide Seiten der Klinge abwechselnd gegen die Innenseite eines Ledergürtels. Dies glättet die Klinge.

Ist es scharf genug, packe das Messer weg. Drücke zum Schließen deine Finger gegen die stumpfe Seite und lass die Klinge vorsichtig einschnappen.

Wasser finden

Ohne Wasser kann der Mensch nicht lange überleben. Zum Glück findet man in freier Natur an vielen Stellen Wasser. Vor dem Trinken muss Wasser keimfrei gemacht werden.

▲ Bergbach

 Süßwasser fließt in Bächen und Flüssen. Beobachte wilde Tiere: Sie können dich zu Wasser führen.

 Manche Pflanzen enthalten in ihren Blättern, Wurzeln und Stängeln oder Stämmen Wasser.

 Von den Blättern ungiftiger Pflanzen kann man Wasser absammeln. Außerdem sammle frühmorgens Tau.

Bromelien enthalten Wasser

Austrocknung kann zum Tod führen.

Warte mit dem Suchen nicht, bis dein Wasservorrat aufgebraucht ist.

Um Wasser aufzufangen, breite am Boden eine wasserdichte Plane aus. Stecke sie mit Zweigen so fest, dass sie knapp über den Boden gespannt ist. Leg an die Mitte eines Rands der Plane Steine und unter Plane und Steine einen Behälter.

Die Plane darf an den Kanten nicht den Boden berühren.

Wasser sammelt sich in der Plane und läuft in den Behälter.

Überlebenstipps

Schon gewusst?

Bei kühler Witterung brauchen wir am Tag zwei Liter Flüssigkeit, bei heißem Wetter sogar drei bis vier.

Wasser entkeimen

Das Wasser aus freier Natur enthält Keime, die krank machen können. Vor dem Trinken muss man sie abtöten.

Filtere als Erstes das Wasser durch eine saubere Socke, in die du zuvor ein sauberes Taschentuch oder sauberen Sand gegeben hast.
Koche das gefilterte Wasser fünf Minuten lang.
Stell das Wasser danach in einem sauberen Behälter in den Schatten.

Feuer machen

Ein Lagerfeuer spendet Wärme und Licht. Man kann daran sein Essen garen und Wasser abkochen und es vertreibt Insekten und trocknet nasse Kleidung. Aber Feuermachen will gelernt sein. Denk daran: Bei uns ist Lagerfeuer in freier Natur grundsätzlich nicht erlaubt.

Brennstoff sammeln

Um Feuer zu machen, brauchst du dürre Zweige und trockenes Holz. Sammle genügend Brennstoff, bevor du das Feuer anzündest.

Das braucht man zum Feuermachen: Zunder (trockenes Moos, trockenes Laub, Rindenstreifen) fängt leicht Feuer.

Anzündholz brennt sehr schnell. Holz (kurze, daumendicke Stücke) hält das Feuer in Gang.

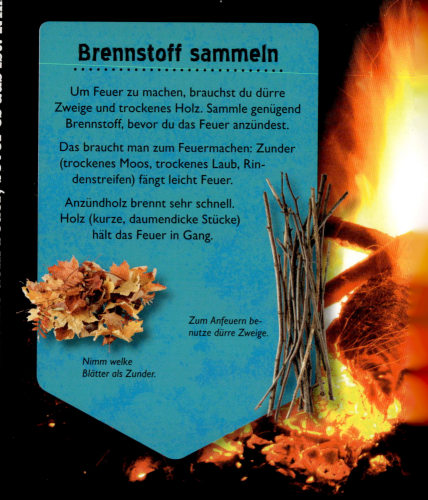

Zum Anfeuern benutze dürre Zweige.

Nimm welke Blätter als Zunder.

Verlasse nie dein Feuer, bevor es aus ist. Nimm Wasser zum Löschen.

Überlebenstipps

Brennholz
Zunder
Anzündholz
Brennholz-Unterlage

So macht man Feuer
Bilde mit einer Schicht Holz eine Unterlage. Breite Zunder über das Holz. Die oberste Schicht bilden zwei Hände voll Anzündholz. Baue rings um das Anzündholz zeltartig Brennholz auf. Zünde dann den Zunder an.

Achtung!
Suche eine Feuerstelle, die weit von Sträuchern, Unterholz und niedrigen Ästen entfernt ist. Errichte dein Lagerfeuer nur auf blankem Boden.

 Es ist schön, unter freiem Himmel an einem glimmenden Feuer zu schlafen. Es sollte aber ein Erwachsener dabei sein.

 Bilde aus der Glut eine lange, schmale Linie. Suche drei lange Holzstücke mit etwa 15 cm Durchmesser. Leg zu beiden Seiten der Glut je ein Holzstück. Fülle den Zwischenraum mit Anzündholz auf.

 Baue hinter dem Feuer eine niedrige Steinwand. So geht weniger Wärme verloren.

| 74

Überlasse Pilze den Experten: Mindestens 30 Arten sind tödlich.

Essbares finden

Auf Wandertouren nimmt man Proviant mit. Trotzdem ist es nützlich zu wissen, wie man in der Wildnis Essbares findet. Probiere aber nie etwas, was du nicht kennst: Es könnte giftig sein!

Schon gewusst?

Es gibt über 1400 essbare Insektenarten, die durch das enthaltene Protein sehr nahrhaft sind.

 So baut man sich eine Angel: Flicht die Angelschnur aus Pflanzenfasern oder nimm einen Bindfaden.

 Haken: Befestige an einen etwa 2,5 cm langen Holzsplitter einen zweiten. Schneide den Haken mit dem Messer an einem Ende spitz zu. Schnitze in das andere Ende eine Kerbe.

 Binde die Angelschnur um die Kerbe. Hänge einen lebenden Köder (Insekt, Raupe, Wurm) an den Haken.

▽ *Gekocht sind die meisten Insekten gefahrlos essbar.*

Gekochte Kakerlake

Welche Pflanzen sind essbar?

Es gibt Tausende von Wildpflanzen, die man beruhigt essen kann. Um sie kennenzulernen, braucht es allerdings viel Zeit und Erfahrung. Erkundige dich vor deiner Tour, welche Pflanzen der Gegend essbar sind. In den Tropen gehören z. B. Kokosnüsse und Kochbananen dazu, im Gebirge Preiselbeeren, Wurzeln und notfalls auch bestimmte Flechten.

◁ *Blaubeeren findet man im Wald, oft versteckt im Unterholz.*

Fakten & Infos

Das Nahrungsangebot der Natur kann je nach Region, Klima und Jahreszeit sehr unterschiedlich sein. An Küsten findet man Algen, Krabben, Garnelen und Muscheln. In Seen findet man Fische. In Flüssen gibt es Aale und Forellen. In Wald und Gebirge kann man Beeren und Nüsse sammeln, in Wiesen Löwenzahn, Sauerampfer und Kletten, deren geschälte Stängel essbar sind.

△ *Tang, bekannt aus der asiatischen Küche, findet man an allen Küsten.*

▽ *Moltebeeren kann man im Sommer im hohen Norden pflücken.*

◁ *Im nordöstlichen Atlantik leben viele essbare Krabben.*

Nahrung aufbewahren und zubereiten

Auf Wandertouren hat man keinen Kühlschrank dabei, und mitgenommenes Essen kann rasch verderben. Koche und iss frische Lebensmittel rasch und verwahre Vorräte gut.

Kühl halten

Bei heißem Wetter kann man Getränke kühlen, indem man die Flasche in eine Schüssel mit kaltem Wasser oder in einen Bach stellt.

 Iss nur ganz Frisches. Fleisch, Meeresfrüchte und Fisch sind leicht verderblich und dann gefährlich.

 Konserviere Fleisch und Fisch durch Trocknen. Schneide es in dünne Streifen und trockne es ca. 1 m über dem Feuer im Rauch.

 Trockne Früchte in dünne Scheiben geschnitten in der Sonne. Pass dabei auf Bienen und andere Insekten auf!

Ureinwohner Amerikas bewahrten Trockenfleisch in Lederbeuteln auf.

Überlebenstipps

Essen kann man auf heißen Steinen garen. Lege große, flache Steine nebeneinander. Bedecke sie mit Zunder und Anzündholz und lass das Feuer eine halbe Stunde brennen. Entferne vorsichtig die Asche. Gare dein Essen auf den heißen Steinen.

Du kannst dein Essen zum Garen in Blätter wickeln. Hebe es mit Stock oder Zange hoch und lass es vor dem Essen abkühlen.

△ Verbrenn dich nicht!

Aufhängen im Netz schützt Nahrung vor Fliegen

Wichtig: In den Tropen übertragen Fliegen oft Krankheiten.

Mach aus feinmaschigem Netz einen Sack fürs Essen, knote ihn zu und hänge ihn in den Schatten.

4 Kochen über Feuer: nicht ohne Erwachsenen! Eine geeignete Kochstelle ist frei von überhängenden Ästen und trockenen Pflanzen.

5 Grabe eine kleine Grube für dein Feuer. Wenn es zu Asche heruntergebrannt ist, kannst du einen Rost über die Asche legen.

6 Spitze einen frischen, kleinen Ast an einer Seite an. Damit kannst du Nahrungsstücke aufpiksen und auf den Grill legen oder übers Feuer halten.

Einen Unterstand bauen

Es kann hilfreich sein, wenn man weiß, wie ein Unterstand gebaut wird. Er schützt vor Kälte, Wind und Niederschlägen. In einem Notfall kann er sogar helfen zu überleben.

Binde einen langen und zwei kurze Äste zu einem stabilen Rahmen zusammen. Du musst darunter genügend Platz haben.

Reihe entlang dem langen Ast kurze Äste zu Wänden aneinander.

kurzer Ast

langer Ast

Bedecke die Wände mit einer 50 cm dicken Schicht aus Blättern, Moos und Gras. Obenauf kommen Äste, an denen du die Zweige belassen hast.

Blätter, Moos und Gras

Äste mit Zweigen

Im Inneren spanischer Höhlen fand man 40 000 Jahre alte Gemälde.

1 Auf diesem Bett kannst du bequem schlafen. Es dauert nur eine Stunde, es zu bauen. Suche nach trockenen, 1 m langen und 5 cm dicken Stämmen oder Ästen. Lege sie zu einer Plattform aneinander.

Unterlage aus Holz

2 Damit die Stämme nicht auseinanderrutschen, schlage an den Enden Pflöcke ein. Schichte darüber eine 60 cm dicke Schicht elastischer Äste.

weiche Auflage

3 Jetzt kannst du deine »Matratze« mit weicheren jungen Ästen und mit Laub bedecken.

elastische Äste

Überlebenstipps

Wo baut man am besten einen Unterstand?

Für längere Zeit: Wenn du mehrere Nächte in deinem Unterstand bleibst, baue ihn in der Nähe deiner Feuerstelle und nicht weit von Wasser- und Nahrungsquellen.

Oder: Suche einen natürlichen Schutz, z. B. eine Höhle, einen Felsen, ein Gebüsch oder einen Baum mit dichtem Laub.

Tiere in freier Natur

Die Wildnis ist das Reich der Tiere. Die meisten wilden Tiere halten sich vom Menschen fern, außer sie sind verletzt oder hungrig. Und auch wir sollten Abstand halten.

Jedes Tier hinterlässt einzigartige Spuren.

Zeichen von Tieren

Halte die Augen offen! Vielleicht siehst du dann Anzeichen für die Anwesenheit von Tieren, z.B. Fährten, Kot, Kratzer oder die Reste von Mahlzeiten. Mit etwas Erfahrung kannst du daran erkennen, von welchem Tier sie stammen, was es gefressen hat und wohin es gelaufen ist.

Polarwölfe leben in Nordkanada und Alaska.

△ *Die Spuren zeigen: Hier ist vor Kurzem ein Wolf vorbeigekommen.*

Viele Tiere sind nachtaktiv. Halte dich nachts nicht im Freien auf.

Lästige kleine Mücken

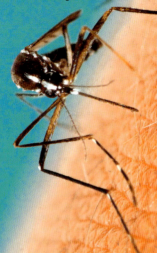

Weibliche Moskitos saugen Blut und können dabei Malaria übertragen.

Mücken sind lästig und in manchen Ländern verbreiten sie Krankheiten. Schlafe unter einem Moskitonetz und verwende Mückenschutzmittel – außer es gibt in der Gegend Bären.

Wenn dich ein Schwarm anfällt, bedecke deinen Körper mit Kleidung und deinen Kopf mit einem Netz oder Tuch. Prüfe vor Reisen, ob du Malariamittel brauchst.

Überlebenstipps

Mach beim Wandern Lärm: Das hält sie auf Abstand. Dies gilt aber nur für Gebiete, in denen es wirklich gefährliche Tiere gibt.

Informiere dich über die wilden Tiere der Gegend, damit du ihnen aus dem Weg gehen kannst. Sei vorsichtig, wenn du an einer Stelle Wasser holst, an der auch Tiere trinken.

Trage in der Wildnis immer Schuhe sowie Kleidung, die Arme und Beine bedeckt. Schüttle Kleider und Schuhe aus, bevor du sie anziehst.

Vorsicht vor gefährlichen Tieren an Wasserstellen.

Zeit und Wetter

In der Wildnis lassen sich natürliche Erscheinungen besser beobachten. Die Schatten auf dem Boden zeigen dir die Tageszeit an, und Wolken verraten viel über das Wetter.

»Morgenrot, Regen droht. Abendrot, Schönwetterbot.«

Ein Lichthof um den Mond kündigt gutes Wetter an.

Bau einer Sonnenuhr

Stecke einen Stock in den Boden. Markiere an einem sonnigen Tag die Stellen, auf die das Ende seines Schattens frühmorgens, mittags beim höchsten Sonnenstand und am Abend vor Sonnenuntergang fällt. Verbinde mithilfe eines zweiten Stocks und einer Schnur die Punkte durch einen Halbkreis. Markiere den »Mittagspunkt«.

Jetzt hast du eine Sonnenuhr, die dir die Zeit anzeigt.

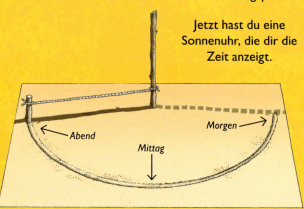

Schon gewusst?

Wenn du dich verirrt oder Schiffbruch erlitten hast, zähle die Tage, indem du jeden Morgen eine Kerbe in einen Felsen oder Baum ritzt.

Warm bleiben

Wenn es ganz plötzlich sehr kalt geworden ist, kannst du deine Kleidung mit trockenem Moos oder Gras ausstopfen. Dies verhindert, dass der Körper viel Wärme abstrahlt und dass kalte Luft zwischen die Kleider dringt. So vermeidest du auszukühlen.

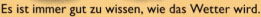

Bei feuchter Luft schließen sie sich und bei trockener gehen sie auf.

Es ist immer gut zu wissen, wie das Wetter wird.

Achte auf den Wind. Ein Wechsel der Windrichtung oder der Windstärke kann eine Wetteränderung ankündigen.

Beobachte die Vorgänge in der Natur, wie z. B. Kiefernzapfen, die das Wetter anzeigen (s. oben). Lerne Wolken zu unterscheiden. Sie sagen viel darüber aus, welches Wetter zu erwarten ist.

Kühe sichern sich bei Regen ein trockenes Stück Gras.

Überlebenstipps

Ein gasgefüllter Ballon mit einer Nachricht ist von überall startfähig.

Sich retten lassen

Rettung durch andere ist oft der schnellste Ausweg aus einer gefährlichen Situation. Versuche, wenn du in Gefahr bist, andere auf dich aufmerksam zu machen.

SOS

In einem Notfall kannst du ein SOS-Signal senden.

Dies kann z. B. eine mit Steinen oder Stöcken auf den Boden »geschriebene« Botschaft sein. Dazu muss das Signal groß sein und sich farblich vom Hintergrund abheben. Oder du versuchst es mit dem Morsecode: Beim Morsen gibt man das S mit drei Punkten (kurzen, schnellen Signalen) wieder und das O mit drei Strichen (langen, langsamen Signalen). Zum Senden eignen sich ein Radio, eine Trillerpfeife, Rauchwolken oder Lichtblitze.

Mit der Trillerpfeife kannst du auf dich aufmerksam machen.

Wenn Rettung naht, blinke SOS mit deiner Taschenlampe.

Ein großes SOS-Signal wird sogar aus der Luft gesehen.

Durch Signale kannst du dich bemerkbar machen. Suche die Methode aus, die sich in deiner Umgebung am besten eignet.

Sound-Signale: Eine Pfeife ruft Retter herbei, die in Hörweite sind, oder du rufst ganz laut.

Licht-Signale: Mit einem Spiegel oder einer CD kann man bei hellem Sonnenlicht Lichtsignale geben. Nachts ist das Licht einer von links nach rechts bewegten Taschenlampe weithin sichtbar. Leicht zu entzündende, stark brennende Signalfeuer werden von (Rettungs-) Flugzeugen aus bemerkt. Hohe Flammen brennen hell, aber nicht lange. Setze sie erst ein, wenn Hilfe naht.

Überlebenstipps

Positiv denken

Wenn du in der Wildnis in Gefahr geraten bist, ist eine zuversichtliche Einstellung sehr wichtig.

Sie hilft dir, gegen Angst, Schmerzen, Hunger und Durst anzukämpfen. Bleib aufmerksam und sieh dir deine Umgebung genau an. Sorge dafür, dass du eine Aufgabe hast. Gib niemals auf.

Hast du ein Handy, sag, wo du bist.

◁ Einige Schiffbrüchige sind durch eine den Gezeiten anvertraute Flaschenpost gerettet worden.

Wenn du dich verlaufen hast

Schon gewusst?
Dein Körper verliert in Wasser 25-mal schneller Wärme als an der Luft. Bleibe dem Wasser lieber fern.

Wenn du dich verirrt hast, musst du entscheiden, ob du bleibst, wo du bist, oder ob du weitergehst. Meist ist es besser, an Ort und Stelle zu bleiben. Sei vorsichtig, wenn du weitergehst.

▼ Flussüberquerung mit einem Seil

Wenn du einen Fluss mithilfe eines Seils überquerst, kreuze die Beine und zieh dich langsam voran.

 Flüsse sind gefährlich. Durchquere niemals einen Fluss, wenn du allein bist.

 Wenn ihr zu mehreren seid: Bildet eine Kette, indem ihr euch alle einhängt. Der Größte und Stärkste steht flussaufwärts. Geht langsam und vorsichtig hindurch.

 Wenn ihr zu dritt seid: Haltet euch aneinander fest. Der Stärkste steht flussaufwärts und durchquert das Wasser. Die anderen folgen vorsichtig.

 Am sichersten ist es mit Seilen und speziellen Gurten und zusammen mit einem trainierten Team.

Vom Weg abgekommen

Bleib ruhig, wenn du dich verirrt hast. Schau auf deinen Kompass. Wenn du nicht weißt, wohin du gehen musst, bleib, wo du bist, und warte auf Retter. Geh nur weiter, wenn Gefahr besteht (z. B. wenn eine Überschwemmung droht). Suche dir einen sicheren Ort und hinterlasse Spuren für die, die dich suchen.

Schone deine Kraftreserven: Mach langsam.

Hinterlasse Spuren, um gefunden zu werden. Markiere Bäume, verknote Grasbüschel und leg Pfeile aus Kieseln.

△ Zeig mit Steinen, in welche Richtung du gehst.

Eine leichte Route erhöht deine Chancen. Verschaffe dir auf einem hoch gelegenen Punkt Überblick. Geh langsam und gleichmäßig. Mach Pausen.

Du kannst 3 Wochen ohne Nahrung, aber nur 3 Tage ohne Wasser überleben. Nimm viel Wasser mit. Versuche, trocken zu bleiben. Dein Körper braucht mehr Energie, wenn du nass und kalt bist.

Überlebenstipps

Erste Hilfe

Oft ist kein Arzt in der Nähe, wenn man sich unterwegs verletzt. Mit sachgerechter Erster Hilfe kann man Blutungen stillen und Infektionen verhindern. Außerdem kann man den Verletzten bis zum Eintreffen der Rettungskräfte bequemer lagern.

Schütze deine Füße mit Heftpflastern vor Blasenbildung.

1 Behandlung eines gebrochenen Arms: Es ist sehr wichtig, den Arm abzustützen. Schiebe einen Dreiecksverband unter den Arm.

Dreiecksverband

an der Schulter verknoten

2 Leg eine Ecke um den Nacken. Führe die gegenüberliegende Ecke über den Arm zum Hals und verknote die beiden Ecken über der Schulter.

3 Falte die dritte Ecke um und fixiere sie mit einer Sicherheitsnadel.

festgesteckte dritte Ecke

Behandlung von Verbrennungen: Kühle die verbrannte Stelle 15 bis 20 Minuten lang in kaltem Wasser.

 Bedecke sie mit einer nicht an der Wunde klebenden, sterilen Binde. Wickle einen Verband herum (nicht zu straff!) und verschließe die Enden mit Sicherheitsnadeln.

 Entferne nichts, was auf der verbrannten Stelle klebt, aber allen Schmuck und Kleidung drum herum.

Die Verbrennung 15 bis 20 Minuten in kaltem Wasser kühlen.

Die Stelle möglichst sauber halten.

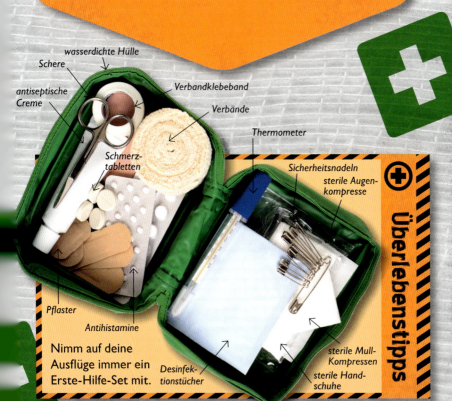

- Schere
- wasserdichte Hülle
- antiseptische Creme
- Verbandklebeband
- Verbände
- Schmerztabletten
- Thermometer
- Sicherheitsnadeln
- sterile Augenkompresse
- Pflaster
- Antihistamine
- Desinfektionstücher
- sterile Mull-Kompressen
- sterile Handschuhe

Nimm auf deine Ausflüge immer ein Erste-Hilfe-Set mit.

Überlebenstipps

Knoten

Mit Seilen, Tauen und Bindfäden kann man Unterstände verankern, Angelruten bauen oder sogar Menschen das Leben retten. Deshalb ist es gut, wenn man Knoten knüpfen kann.

Es gibt Hunderte von Knoten. Hier sind drei für den Anfang.

Palstek

Dies ergibt eine Schlinge – die man z. B. jemandem um den Körper legt, um ihn aus dem Wasser zu ziehen. Man muss vorher wissen, wie groß die Schlinge werden soll.

Leg im Seil eine kleine Schlaufe und ziehe das Seilende von hinten nach vorne durch.

Schlinge nun das Ende um das Hauptteil des Seils und ziehe dieses durch die Schlaufe.

Ziehe am Hauptteil und am Ende den Knoten zu. Jetzt hast du eine feste Schlinge, die sich nicht verstellt.

Kreuzknoten

1 Führe das rechte Seil über und unter das linke.

2 Führe nun das linke Ende über und unter das rechte.

3 Ziehe an beiden Enden den Knoten fest.

Mastwurf

1 Leg das Seil um den Pfosten und kreuze mit dem Ende x-förmig die Schlinge.

2 Leg eine 2. Schlinge. Stecke das Ende unter der zweiten Schlaufe durch für ein zweites X.

3 Ziehe zum Festzurren an beiden Enden. So kannst du dein Zelt mit Seilen an einem Pfahl festmachen.

Antikörper

Der Körper stellt diese Chemikalien her, um gefährliche Bakterien zu bekämpfen. Sind Antikörper einmal gebildet, stehen sie dem Körper auch in Zukunft zur Verfügung.

Austrocknung

Gefährlicher Flüssigkeitsmangel des Körpers. Symptome können Kopfschmerzen, Schwindel und Schlappheit sein. Leichter Flüssigkeitsmangel wird durch Wassertrinken behandelt. Bei fortgeschrittener Austrocknung müssen z. B. auch Salze zugesetzt werden.

Gift

Durch Bisse oder Stiche von Tieren (z. B. Bienen oder Schlangen) können schädliche Substanzen in den Körper gelangen. Einmal im Blutkreislauf, können sie schmerzhaft oder sogar tödlich sein. Gefährliche Giftstoffe können ebenfalls durch Essen, Trinken und Atmen in den Körper eindringen.

Hitzschlag

Krankheit, die entstehen kann, wenn der Körper zu lange zu großer Hitze ausgesetzt ist. Die Körpertemperatur steigt über 40 °C. Starkes Schwitzen, schnelle Atmung und rasender, flacher Herzschlag können Symptome sein.

Konservieren

Lebensmittel werden durch Konservieren haltbarer gemacht.

Lawine

Schneemassen rutschen einen Hang hinunter. Auslöser können Erdbeben, Explosionen oder Menschen auf Skiern oder Schneemobilen sein.

Lehm

Besteht aus Sand, Schluff und Ton und wird auch als Baumaterial verwendet.

Malaria

Eine von Moskitos übertragene Krankheit, ausgelöst durch einen winzigen Mikroorganismus, der ins Blut gelangt, wenn eine weibliche Mücke sticht. Symptome sind Fieber und Kopfschmerzen. Ca. 1 Million Menschen sterben pro Jahr an Malaria.

Naturschutzgebiet

In Naturschutzgebieten besteht ein besonderer Schutz von Natur und Landschaft. Diese Gebiete sind mit Schildern gekennzeichnet.

Prärie

Dieses Landschaftsgebiet findet man im Mittleren Westen der USA.

Richterskala

Der Seismologe Charles Francis Richter entwickelte für die Bestimmung der Erdbebenstärke eine Skala, die sogenannte Richterskala. Die Skala geht von 0,1 bis 10.

Schwimmweste

Eine eng anliegende Weste, oft aus Schaumstoff, die Kanuten und Segler tragen. Fallen sie ins Wasser, hält sie die Weste an der Oberfläche, gibt aber ausreichend Bewegungsfreiheit zum Schwimmen.

Staaten

Bienen oder Ameisen leben in großen Gemeinschaften, Staaten genannt.

Sternbild

Ein Abschnitt des Nachthimmels, der durch ein Muster aus hellen Sternen identifizierbar ist. Viele von den 88 offiziellen Sternbildern gehen auf die Entdeckung durch die Griechen in der Antike zurück.

Tau

Wassertröpfchen, die sich morgens und abends auf Blättern und anderen Gegenständen sammeln. Tau bildet sich, wenn die Lufttemperatur fällt und sich der gasförmige Wasserdampf aus der Luft in Flüssigkeitsform absetzt (Kondensation).

Treibsand

Eine trügerische weiche Fläche, die sich formt, wenn nasser Sand plötzlich erschüttert wird. Der Sand sieht fest aus, verhält sich aber wie eine Flüssigkeit, sobald jemand ihn betritt. Wenn man einmal feststeckt, ist es äußerst schwer, sich aus Treibsand zu befreien.

Unterkühlung

Entsteht, wenn der Körper zu lange extremer Kälte ausgesetzt ist. Die Körpertemperatur fällt unter 35 °C. Schüttelfrost und Müdigkeit sind Symptome. Unterkühlung kann zum Tod führen.

Register

A
Alarmsignale **61**
Allergische
    Reaktion **19**
Ameisen **20–21**
Angel **40, 74,**
Arm, gebrochen
    88
Äste **17, 18, 25,**
    36, 42, 49, 78
Atemhöhle **31**
Aufzug **28**
Austrocknung
    Flüssigkeitsver-
    lust **70**
Auto **15, 37, 45**

B
Bären **14–15**
Batterien **27, 40,**
    64
Benzin **38, 48**
Bett **79**
Bienen **18–19**
Blitze **32–33**
Boote **12, 41**
Brand **28, 46–47**

C
Campingplatz **35**

D
Dosennahrung
    40, 44

E
Ebbe **42**
Eiswüste **48–49**
Erdbeben **24,**
    28–29

Erste Hilfe **88–89**
Erste-Hilfe-Set
    34, 89
Ersticken **55**
Ertrinken **52**
Essen **14, 39, 41,**
    72, 74–75, 76

F
Fenster **15, 26,**
    33, 35, 52, 58
Feuer **54, 56,**
    58–59, 72,
    76–77
Feuer machen
    72–74
Feuerlöscher
    29, 59
Fluchtplan **59**
Flugzeugabsturz
    56–57

G
Gasgeruch **29, 35**
Gebäude **28, 32,**
    35, 58–59
Gebirge **14, 48,**
    75
Gegengift **9**
Gewässer **11, 12,**
    52
Gewitter **32–33**
Gezeiten **42, 84**
Graben **36, 39,**
    49, 77

H
Haie **12–13**
Handy **37, 85**
Hausbrände **50**

Hitze **58, 64**
Hitzschlag **38**
Höhle **42, 49, 79**

I
Infektionen **88**
Insekten **19, 72,**
    74, 76
Insektenschutz-
    mittel **65**

K
Kakteen **39**
Kerzen **29**
Kleidung **38,**
    41, 48, 49, 61,
    64, 83
Knoten **90–91**
Kochen **76–77**
Kokosnuss **43, 75**
Kompass **65, 87**
Kontaktlinsen **64**
Kopfschutz **38**
Kreislauf **36**
Kreuzknoten **91**
Krokodile **10–11**

L
Lagerfeuer **47, 77**
Landkarte **64**
Lawine **30–31**
Licht, elektrisch
    45

M
Mastwurf **91**
Medikamente **34,**
    45, 64
Menschenmengen
    54–55

Mond **82**
morsen **84**
Moskitos **81**

N
Nacht **14, 16, 38,
41, 80**
Notruf **35, 47**

O
Orientierung
66–67
Orkan **26–27**

P
Palstek **90**
Panik **20, 50, 52,
55, 60**
Pflanzen **39, 42,
70, 75**

Q
Quellen **39, 43**

R
Raubkatzen **16–17**
Rauchmelder
58–59
Regenwald **8, 21**
Rettungsboot
40–41, 60–61
Richterskala **29**
Rucksack **24, 30**
Ruhe **14, 38**

S
Sandsack **37, 44**
Schatten **39, 71,
76–77, 82**
Schaufel **37**

Schlafsack **46, 49**
Schlangen **8–9, 20**
Schnee **36–37,
48–49**
Schneeketten **37**
Schneesturm
36–37
Schuhe **8, 64, 81**
Schutzraum **34**
Schwimmen **12,
30, 40, 52**
Schwimmhilfe **40**
Schwimmweste
57, 61
Seevögel **40**
Sicherheitsgurt **57**
Sicherheitshin-
weise **57, 61**
Signal geben **37,
39, 84–85**
Signalfeuer **85**
Skilaufen **30–31**
Sonne **38–39,
66–67, 76–77**
Sonnenbrille
38–39, 48
Sonnenhut **64**
Sonnenuhr **82**
SOS **84**
Sternbilder **66**
Sterne **66–67**
Strände **42–43**
Streichhölzer **29,
48, 64**
Stromleitungen
28, 34

T
Taschenlampe **34,
37, 40, 45, 64,
84, 85**

Taschenmesser
64, 68–69
Tau **70**
Telefon **32, 35, 58**
Tiere **6–21, 70,
80–81**
Tiger **16–17**
Tornado **34–35**
Treibsand **24–25**
Trillerpfeife **64, 84**

U
Überschwemmung
44–45
Uhr **67**
Unterkühlung **65**
Unterstand **78**

V
Verband **88–89**
Verbrennungen **89**
Verirren **37**
Vorrat **44, 70**

W
Waldbrand **46–47**
Wanderstock **16**
Wasserstelle **39,
81**
Wetter **37, 46,
76, 82–83**
Wüste **38–39**

Z
Zeit **82–83**
Zelte **14–15**

Nützliche Adressen

Internationales Rotes Kreuz
Das Rote Kreuz ist eine internationale Organisation, die Opfer von Kriegen und Katastrophen unterstützt. In den einzelnen deutschen und österreichischen Bundesländern und den Schweizer Kantonen gibt es Zweigorganisationen. Im Internet findest du die Zentralen unter:
www.drk.de
www.roteskreuz.at
www.redcross.ch

Das **Technische Hilfswerk** ist in Deutschland für den Zivil- und Katastrophenschutz zuständig:
www.thw.de
In Österreich ist für Katastrophen durch Wetter, andere Naturereignisse, Unfälle und Gebäudeschäden der Zivilschutzverband zuständig:
www.zivilschutzverband.at

Um die Rettung aus Seenot und die Aufsicht über Badende in Badeseen usw. kümmert sich in **Deutschland die Deutsche-Lebens-Rettungs-Gesellschaft e.V.** Sie organisiert auch Schwimmkurse, auch für Rettungsschwimmen, und verleiht Schwimmabzeichen.
www.dlrg.de
Weitere Wasserrettungsorganisationen:
www.dgzrs.de (Deutsche Gesellschaft zur Rettung Schiffbrüchiger)
www.wasserwacht.brk.de
www.wasser-rettung.at (Österreich)
www.slrg.ch (Schweizerische Lebens-Rettungs-Gesellschaft)

Bergwacht und Bergrettung retten Bergsteiger und Wanderer aus Notlagen. Auch sie bieten

Kurse an. Auf ihren Websites findest du auch Sicherheitstipps und Wettervorhersagen:
www.bergwacht.de
www.bergrettung.at
www.provinz.bz.it (für die Provinz Bozen)
www.sac-cas.ch (Schweizer Bergrettung)

Richtig Bergwandern und andere alpine Sportarten kann man in Kursen und geführten Touren beim **Deutschen Alpenverein** (DAV) in ca. 350 Sektionen in ganz Deutschland lernen:
www.alpenverein.de
Angebote zu Outdoor-Aktivitäten speziell für Kinder und Jugendliche findet man beim DAV-Jugendverband:
www.jdav.de
Weitere Alpenvereine:
www.alpenverein.at
www.sac.ch
www.alpenverein.it

Informationen und Ausbildung durch Experten in allen »Outdoor«- und »Survival«-Fragen bekommt man bei **Outward Bound**:
www.outwardbound.de

Die **Pfadfinderorganisationen** bieten Mädchen und Jungen weltweit Freizeit- und Ferienprogramme an. Sie organisieren Zusammenkünfte, Freizeiten, Zelt- und Trainingslager sowie Hilfsaktionen:
www.scoutnet.de
www.vcp.de (Verband christlicher Pfadfinderinnen und Pfadfinder)
www.ppoe.at (Pfadfinder und Pfadfinderinnen Österreichs)
www.pfadfinden.de
www.scout.at

Bildnachweis

Abkürzungen: t = oben, b = unten, l = links, r = rechts, c = Mitte

Umschlag: © fotolia: James Thew, Natalia Merzlyakova, Klaus Eppele

1 Nigel Spiers, 2 Yganko, 3tl 1000 words, 3tr objectsforall, 3b Photoexpert, 4–5 Perrine Doug/Getty Images, 6–7 Sandra van der Steen, 8–9 Tom Reichner, 9tl Maria Dryfhout, 9tr Ria Novosti/SPL, 9b irfanazam, 10–11 Brberrys, 10c Trevor Kelly, 10b Mammut Vision, 12–13 Mike Parry/Minden Images/FLPA, 13t BW Folsom, 13b Jim Agronick, 14–15 Paul Sawer/FLPA, 14 Jochen Tack/Imagebroker/FLPA, 16–17 Theo Allofs/Minden Pictures/FLPA, 16 trekandshoot, 18–19 H&H – J Koch/animalaffairs.com/FLPA, 19t, 19b Peter Waters, 20–21 Peter Davey/FLPA, 20, 21 Mark Moffett/Minden Pictures/FLPA, 22–23 Corbis, 24–25 Anneka, 25 Denis Nata, 26–27 Corbis, 27t NASA, 28–29 Robert Paul van Beets, 29t Pavel L Photo and Video, 29b Maria Suleymenova, 30–31 Andrew Arseev, 31 deepspacedave, 32–33 mashurov, 33 Alexander Kuguchin, 34–35 Minerva Studio, 34 Jojje, 35 Martin Haas, 36–37 Robsonphoto, 37t Wenk Marcel, 37b Michael Dechev, 38–39 Galyna Andrushko, 38 jvinasd, 39 Movementway/Imagebroker/FLPA, 40-41 holbox, 40 objectsforall, 42–43 Pablo Scapinachis, 42 Jason Patrick Ross, 43 Phaitoon Sutunyawatchai, 44–45 riekephotos, 44 ronfromyork, 46–47 Frans Lanting/Frans Lanting Stock/Getty Images, 46 My Good Images, 48–49 Tyler Olson, 48 Yganko, 49 Maksimilian, 50–51 Scott Vickers/Getty Images, 52–53 Yu Lan, 53 Dusaleev Viatcheslav, 54–55 Vladimir Wrangel, 55 Gwoeii, 56–57 Kamenetskiy Konstantin, 56 aslysun, 57 Barone Firenze, 58–59 Gemenacom, 59 tanikewak, 60–61 Adam Bangay, 61 vvoronov, 62–63 Daniel H Bailey/Corbis, 64–65 Sergey Mironov, 64tr Petr Malyshev, 64bl Photoexpert, 65 Andrew Scheck, 66–67 Igor Kovalchuk, 67t KKulikov, 67b holbox, 68–69 windu, 68 Johann Helgason, 69 objectsforall, 70–71 Vladimir Vladimirov/Getty Images, 70t biletskiy, 70b Seth Laster, 71t Marshall Editions, 72–73 Gurgen Bakhshetsyan, 72l Stocksnapper, 72r andersphoto, 74–75 Catalin Petolea, 75t Shutterstock, 75cl motorolka, 75cr Scisetti Alfio, 75ccr Jiang Hongyan, 75bl Gelpi JM, 75br Madlen, 76–77 Virginija Valatkiene, 77 Charles B Ming Onn, 78–79 Corbis, 80–81 Blazej Lyjak, 80 Critterbiz, 81t Natursports, 81b Arnoud Quanjer, 82–83 Merydolla, 83cl Godunova Tatiana, 83cr Thomas Klee, 83b Corbis, 84–85 Jason Vandehey, 84t optimarc, 84c Li_Al, 84b Nataly Lukhanina, 86–87 grafxart, 86 Oleg Zabielin, 89 Andy Crawford/Getty Images, 90–91 Eugene Sergeev

Es wurde jede Anstrengung unternommen, die Bildnachweise korrekt zu erstellen und die Copyright-Inhaber aller Bilder zu ermitteln. Der Originalverlag entschuldigt sich für alle unvollständigen Angaben und wird gegebenenfalls Korrekturen in zukünftigen Ausgaben vornehmen.